LE CAP. — STATION DE CHEMIN DE FER.

LES RÉGIONS DIAMANTIFÈRES

I

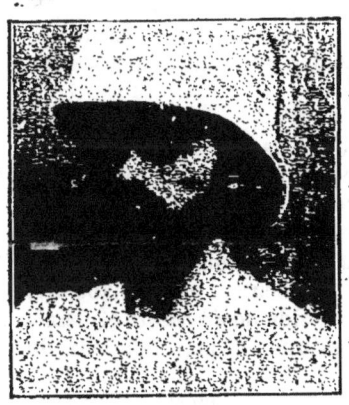

ÉDOUARD FOA.

C'est en 1867 seulement que l'on songea à exploiter les mines de diamants du Cap, quoiqu'on en eût connaissance dès le milieu du dix-huitième siècle et peut-être auparavant (1). On trouve en effet sur une carte de 1750, là où est actuellement le Griqualand, cette mention : *Ici sont des diamants*. Comment cette indication n'a-t-elle éveillé, durant cent dix-sept ans, aucune attention, et à quelle source le géographe a-t-il puisé ce renseignement précis? Sur quel document s'est-il basé pour affirmer un fait aujourd'hui prouvé, mais resté si longtemps ignoré des Européens et des Africains eux-mêmes? On ne saurait le dire.

Toujours est-il qu'au Cap il existe plusieurs légendes sur les circonstances dans lesquelles eut lieu la découverte des gisements diamantifères. Les uns l'attribuent à des chasseurs d'éléphants, conduits en cet endroit par le hasard : les indigènes, qui connaissaient depuis longtemps, dit-on, les diamants bruts, mais n'en faisaient aucun cas, n'en sachant point la valeur, les leur auraient montrés comme des objets insignifiants. Suivant d'autres, un fermier, gâchant de la boue comme un manœuvre du mor-

(1) Voir F. BOYLE, *To the Cape for diamonds* (Londres, 1873, in-8°), et JANNETAZ-FONTENAY, VAN DER HEYNE, COUTANCE, *Diamants et pierres précieuses* (Paris, 1881 in-8°, 1879, Rothschild).

tier, pour la plaquer extérieurement sur sa cabane, une fois le crépi sec, y aurait remarqué des points brillants qui étaient des pierres précieuses. On admet toutefois, généralement, que les choses se sont passées comme suit : un jour un marchand hollandais, Van Niekerk, accompagné d'un chasseur d'autruches, O'Reilly, parcourait le Griqualand. Ils s'étaient arrêtés chez un habitant du pays, un Boër, appelé Jacobs, et tandis qu'ils causaient avec lui, son petit garçon jouait à quelques pas d'eux. L'enfant faisait sauter une espèce de caillou d'un aspect particulier.

— Vendez-moi cela, dit le Hollandais. Combien en voulez-vous?

— Que vous en demanderais-je? répondit le Boër; cela ne vaut rien. Prenez-le, si vous y tenez, le petit en trouvera bien vite d'autres. Il n'en manque pas le long de la rivière.

Le marché était trop beau pour ne pas l'accepter. Van Niekerk serra la pierre dans son gousset, puis se remit en route avec O'Reilly. Ils emportèrent leur trouvaille au Cap, la montrèrent à des Juifs, qui n'y virent qu'une topaze ordinaire et n'en offrirent aucun prix. Le gouverneur de la colonie, sir Philip Wodehouse, fut plus avisé : il était géologue et savant. Très probablement il avait lu tout ce que les auteurs racontent des fameuses « mines de Golconde » dans la province d'Haïderabad (Hindoustan), improprement nommées ainsi, et des richesses de la Godavéry, du Gandjam, du Sambalpour, qui produisaient jadis les diamants merveilleux de l'Inde (1). Quoi qu'il en soit, il paya le « caillou » du petit Boër 500 livres sterling (12,500 francs). O'Reilly, alléché par ce bénéfice inespéré, retourna au Griqualand avec une foule d'aventuriers. Mais l'expédition fut infructueuse, et l'échec fit croire qu'il n'y avait pas de diamants là où l'on en cherchait si avidement. On y renonça donc.

Cependant Van Niekerk, plus patient et plus tenace, continua ses investigations. A la fin il rencontra un berger hottentot qui était en possession d'une autre pierre.

— Vends-la moi?

Le berger flaira une affaire. Il en voulut plusieurs chevaux et plusieurs moutons. On les lui donna. La pierre pesait brut quatre-vingt-trois carats (2). Le Hollandais n'hésita pas à en donner le prix d'un troupeau équivalant à 400 livres (10,000 francs). Il était sûr d'en retirer vingt fois autant. Maître du trésor, il s'empressa de partir pour Londres. Les joailliers de la couronne le lui achetèrent, sans discuter, pour 11,200 liv. (280,000 francs). Ce diamant, taillé, donna un poids de 46 carats et demi. C'est l'*Étoile de l'Afrique méridionale*. On l'estime au prix fabuleux de

---

(1) Les diamants de Golconde étaient ainsi appelés, en souvenir des pierres précieuses que les souverains du Dekkan avaient entassées jadis dans leur trésor. (Voir Élisée RECLUS, *L'Inde et l'Indo-Chine*.) Golconde était leur capitale. Quant aux mines adamantifères, leur terrain paraît s'étendre sur tout le revers de l'Inde orientale du plateau de Marwa, et l'exploitation commence à l'entrée des faubourgs de la ville de Pannah. Les mines les plus importantes sont, outre celles de Pannah, les gisements de Myra, Etawah, Camariya, Brispour et Baraghari. Les diamants de Pannah sont d'une grande pureté et possèdent des feux superbes; leur couleur varie depuis le blanc le plus pur jusqu'au noir, en passant par les nuances intermédiaires : laiteux, rosé, jaune, vert, brun. (Voir L. ROUSSELET, *L'Inde des rajahs*, Hachette.)

(2) Le *carat*, mot qui vient de l'arabe *kirat* — petit poids égal à 1/24 d'un denier — ou de *kuara*, nom africain de la fève *erythrima*, souvent employée comme unité de poids, sert à peser les diamants et pierres précieuses. Il correspond à 4 grains (un peu plus de 20 centigrammes : 0 gr. 20245).

CARTE DE LA RÉGION DIAMANTIFÈRE SUD-AFRICAINE.

1,375,000 francs. Il appartient aujourd'hui à la comtesse de Dudley.

« La précieuse trouvaille, dit M. J. Leclercq (*A travers l'Afrique australe*, librairie Plon, 1895), provoqua aussitôt un de ces phénomènes que les Anglais désignent sous le nom de *rush*, un élan de chercheurs, de fouilleurs, de piocheurs, excités par la fièvre diamantaire. » Plus de dix mille chercheurs étaient campés au bord du Vaal, quand eut lieu cette découverte. Et tous aussitôt d'abandonner les sables d'alluvion, pour aller aux fouilles sèches. Sur l'emplacement actuel de Kimberley, il y avait alors trois fermes désignées par les noms de leurs propriétaires : Du Toit, Bultfontein et de Beers. Ces noms, immortalisés aujourd'hui dans toute l'Afrique australe, furent appliqués aux *diggings*, que l'on érigea plus tard en mines. Les trois fermes ne tardèrent pas à changer de mains. Les fermiers hollandais qui en étaient propriétaires avaient d'abord loué leurs terres aux mineurs, mais ceux-ci affluèrent bientôt en si grand nombre, que les fermiers vendirent leurs propriétés à des prix dérisoires. C'est ainsi qu'un particulier acheta à de Beers pour cent cinquante mille francs un domaine qui fut, peu de temps après, revendu au prix de deux millions et demi, et le nouvel acquéreur (c'était le gouvernement) fit une affaire superbe, puisqu'on a calculé que, depuis le premier coup de pioche, la seule mine de Kimberley a donné plus de huit cents millions.

Les champs diamantifères, qui semblent inépuisables, sont aujourd'hui exploités dans des conditions qui atteignent à la dernière perfection. Suivant les résultats fournis par l'exercice clôturé le 30 juin 1896, on a extrait 23,663,000 carats de diamants (418 kilos 415) de 2,597,000 wagonnets de minerai (1,539,000 mètres cubes), et on les a vendus pour 79,134,500 francs, à un prix moyen de 33 fr. 45 le carat, en réalisant un bénéfice net total de 50 millions (1).

M. Édouard Foà, dont on lira plus loin le récit si intéressant sur le Cap et sur les mines de diamants, a visité l'Afrique australe (de Cape-Town au lac Nyassa), durant les trois années qui s'écoulèrent de 1891 à 1893. Son voyage, qui nous fournira l'occasion d'autres emprunts, offre une importance scientifique considérable. Il nous renseigne en effet abondamment sur l'ethnographie et la zoologie des régions qu'il a parcourues. De l'aveu des critiques les plus compétents, français et étrangers, cette relation fait autorité. On en remarquera la précision. L'auteur ne s'est pas attaché à être brillant, mais il a voulu que tout dans son livre fût exact, et ceux qui sont à même de le contrôler reconnaissent unanimement qu'il n'y a rien oublié. Sans doute, il n'est pas le premier qui soit allé au Cap ou à Kimberley, et qui en ait parlé. On avait déjà avant lui étudié cette partie de l'Afrique du Sud dans des ouvrages assez nombreux, mais presque tous les voyageurs dont nous possédons les impressions, le journal ou les souvenirs, avaient observé sous un point de vue différent du sien ce qu'ils décrivent ; il a d'ailleurs, sur eux, pour le moment, cet avantage d'être un observateur de date toute récente dans un pays où, comme on le sait, il y a eu, en ces dernières années, et il y aura encore de très grands changements sous le rapport politique, économique et social.

Charles SIMOND.

(1) Nous empruntons ces détails au remarquable travail de M. L. DE LAUNAY, sur les *Diamants du Cap*. (*Revue générale des sciences*, 15 juillet 1897.)

LE CAP. — HÔTEL DU GOUVERNEMENT.

LES MINES DE DIAMANTS (1)

I

LE CAP.

Le 26 à minuit, au moment où nous nous y attendions le moins, la machine s'arrête, un bruit de voix se fait entendre, puis des chaînes d'ancre et des commandements partent de la dunette. Nous montons sur le pont. Dans la nuit noire, on aperçoit à deux ou trois cents mètres une raie de lumière. C'est la ville du Cap.

Un remorqueur s'approche aussitôt : on lui jette deux cent trente-cinq sacs de correspondance. C'est la *Royal Mail*. Le petit vapeur s'éloigne aussitôt avec sa proie, et tout rentre dans le calme.

Étrange l'impression qu'on éprouve sur le navire désormais immobile. Plus de mouvement, plus de ces trépidations ni de ces oscillations auxquelles on commençait à s'accoutumer. Plus de vie : tout est calme. Seul, dans la machine, le bruit d'une petite pompe, comme les derniers battements de ce grand cœur. Les passagers ont disparu dans leurs cabines. Personne ne se voit plus. Quelques voix au loin ; des barques qui passent sous la poupe avec des gens au langage inconnu.

Je cherche à me figurer la ville que j'aurai demain sous les

(1) Les pages qui suivent sont empruntées à l'ouvrage intitulée : *Du Cap au lac Nyassa*, par Édouard FOA. (Librairie Plon.)

yeux : quelques maisons, une civilisation naissante, des Européns et la population bariolée des ports de mer africains. Quant au décor, sans doute, cette belle végétation du Cap qui marie les plantes des tropiques à celles des régions tempérées. Je rentre dans ma cabine sur cette consolante perspective. Consolante, mais, hélas! trompeuse, comme il arrive fréquemment en pareil cas.

A l'aube, en effet, il pleuvait. Pendant la nuit, le *Dunotar* s'était rapproché; nous étions à quai. Du haut du pont, j'aperçus de nombreux parapluies, une boue jaunâtre et liquide, de grands fiacres à deux chevaux, éclaboussés jusqu'aux lanternes, des baraquements, des hangars encombrés de marchandises, une foule de blancs qui allaient et venaient déjà le carnet à la main, des charbonniers amenant des charrettes de houille, des commissionnaires, des interprètes (d'après ce que disait leur casquette), des courtiers d'hôtels, des camions, des brouettes, des chariots à bras; en un mot, tout cet encombrement de quais, cette agitation qui indiquent une civilisation des plus avancées. Au fond, dans le lointain, une ville européenne. Comme décor, une grande montagne grise couronnée de nuages surplombant la ville, qu'elle semble écraser. Au-dessus, un ciel gris et triste.

Mes illusions s'étaient évanouies. Un peu plus tard, arrivèrent des omnibus crottés, chargés de voyageurs également crottés, aux parapluies nombreux, aux figures sérieuses d'Anglais affairés. Dès qu'on eut posé la passerelle, après les formalités sanitaires, le pont fut envahi par une foule de gens de toute sorte, parents ou amis de nos compagnons de voyage, industriels divers, simples curieux venus pour gêner la circulation.

Nous débarquons et nous sommes immédiatement saisis par les griffes inquisitoriales de la douane. Cette respectable administration a une peur effroyable de la dynamite. Tout nouvel arrivant est considéré, en principe, comme en ayant caché jusque dans sa canne ou la coiffe de son chapeau. Un rouleau de documents que le Hollandais tenait à la main fut emporté soigneusement dans le bureau de l'inspecteur : c'était sans doute une cartouche dissimulée.

Après un examen minutieux et le règlement intégral de nos droits, nous sommes libérés.

La douane du Cap perçoit vingt-cinq francs d'entrée par canon de fusil. Pour un revolver et cinq fusils (dont un à un canon) j'ai à payer la modique somme de deux cent cinquante francs! On comprend aisément que la colonie n'ait pas pécuniairement besoin de la métropole.

Nous montons dans un des grands fiacres à quatre places; avec un bruit de ferrailles et un tremblement de vitres assourdissant, l'automédon nous conduit en ville. Le trajet entre les docks et le centre dure environ un quart d'heure, le long des docks, à travers des chantiers, des terrains vagues et des embranchements de voies ferrées.

Je cherche toujours des indigènes : j'en aperçois quelques-uns, vêtus à l'européenne, parlant un mauvais anglais, n'ayant du noir que la couleur.

Les rues du Cap sont très propres et très gaies. Les maisons très bien alignées; la plupart des constructions neuves, dans la rue principale, ornementées d'une façon originale; leur architecture est tout à fait fantaisiste : ce sont des bâtiments à un ou deux étages surmontés de clochetons, agrémentés de guirlandes, d'encadrements agréables à l'œil et peints en rouge, en rose, en bleu clair ou en jaune imitant la pierre de taille.

La plupart de ces monuments ont une multiple destination. La Banque, le Club, des magasins de nouveautés, le Muséum et quelques maisons particulières sont dans ce cas : ce sont, pour ainsi dire, des corps de bâtiment. Les Anglais les désignent sous le nom général de « buildings ».

Au fond de la rue principale, le Jardin botanique jette une note gaie sur l'ensemble. Malgré la pluie, les trottoirs sont encombrés de passants. Voici des vitrines arrangées avec assez d'art, entre autres celle d'un magasin de produits africains, qui est vraiment ravissante avec ses plumes d'autruche, ses coffrets de bois rares, ses bijoux du pays, et une foule de menus objets, griffes de lion montées sur or, sculptures sur bois, travaux en ivoire, le tout disposé avec goût, ce qui est fort rare pour un magasin anglais, car, en général, on y possède bien peu l'art de l'étalage. Mais sachons gré aux étrangers des efforts qu'ils font pour nous imiter.

Toutes ces jolies choses coûtent, d'ailleurs, des prix exorbitants : beaucoup plus qu'à Paris.

Les hôtels de la ville sont affreux : tout est sale, mal administré; quant à leur cuisine anglaise, je m'abstiendrai d'en décrire les nombreux défauts : elle est ignoble. Dans la guinguette de nos faubourgs, chez le dernier de nos marchands de vin, on mange mieux qu'à bord des fastueux paquebots anglais. Pendant la traversée, je me suis fait un régime à moi. Mon alimentation a consisté en quelques farineux avec du café et du thé, du plum-pudding, du homard et des tartelettes. J'ai dû abandonner à leur malheureux sort des mets que je connaissais de longue date : dinde à la colle de pâte (caper sauce), navets en compote, colle de pâte sucrée et parfumée (lisez blanc-manger), et une foule d'autres délicatesses qui font les délices de nos voisins d'outre-Manche et dont l'énumération serait fastidieuse.

Il y a bien au Cap un hôtel où on est convenablement logé : c'est l' « International »; mais il est situé beaucoup trop loin de la ville pour ceux qui y ont des occupations.

Le directeur du Muséum, pour lequel j'avais une lettre d'introduction, eut l'amabilité de me laisser visiter à mon aise les collections, la bibliothèque et les ateliers d'empaillage. Son établissement possède des spécimens magnifiques et très complets de la faune locale en général et d'antilopes en particulier. M. Perringuet, un de nos compatriotes, a bien voulu nous en faire admirer tous les détails.

J'eus le plaisir de rencontrer à Cape-Town deux autres Français: M. Batérat, gérant d'une maison anglaise, et le comte de Vasselot, inspecteur des eaux et forêts, chargé d'une mission par notre gouvernement et auprès duquel j'étais recommandé. Ces messieurs m'ont fait un accueil on ne peut plus cordial; ils m'ont beaucoup facilité les recherches que j'avais à faire et m'ont même remis des

LE CAP. — JARDIN BOTANIQUE.

lettres d'introduction pour d'autres Français en résidence à Kimberley et au Transvaal.

Sans essayer, moi simple passant, de faire l'historique du Cap, je voudrais donner ici un aperçu de la formation de la colonie.

On sait qu'elle était autrefois une des possessions de la Hollande, qui en confia l'administration, en 1652, à la Compagnie néerlandaise des Indes; c'est à cette époque que celle-ci créa au cap de Bonne-Espérance la première station de ravitaillement destinée à ses navires.

En 1795, à la suite de plaintes adressées au gouvernement contre la tyrannie de la Compagnie et les désordres de son administration, l'Angleterre intervint et obtint une première fois le Cap, qu'elle garda, sans trop y faire de changements, jusqu'en 1803, et qu'elle consentit alors à rétrocéder à la république de Batavie parce que, ayant à sa propre porte de grands intérêts à défendre,

LE CAP DE BONNE-ESPÉRANCE. — VUE DE CAPE-POINT ET DU PHARE.

il lui était impossible de s'en occuper. Mais, en 1807, le Royaume-Uni reprit le gouvernement de l'ex-colonie hollandaise, et il l'a gardé depuis.

Les Hollandais ont toujours formé la majorité de la population blanche du Cap. Les Boers d'aujourd'hui sont les descendants, pour la plupart, de ces premiers occupants, croisés soit avec des Anglais, soit même avec des Français, anciens huguenots qui émigrèrent à la suite de la révocation de l'édit de Nantes et se réfugièrent dans ce pays, lequel devint pour eux une seconde patrie. C'est ce qui explique que tant de Boers aient des noms français, tels que Durand, Maret, Dupuy, etc. Quant au mot *boer*, qui veut dire fermier, paysan, en hollandais, il provint de ce qu'ils s'adonnèrent exclusivement à la culture.

Tant que l'Angleterre se borna à administrer le Cap avec modération, à n'y introduire que des réformes raisonnables, les Boers vécurent en paix avec tous, s'occupant de leurs fermes et de leur bétail plutôt que des affaires gouvernementales; mais lorsque les abus commencèrent, les premières plaintes se firent entendre, la bonne harmonie cessa de régner.

Des réclamations inutiles on en vint aux protestations et même à l'insurrection. Après s'être soumis au gouvernement anglais et avoir fourni des soldats aux contingents locaux, les Boers s'y refusèrent plus tard; et une dernière mesure (je veux parler de l'abolition de l'esclavage, qui fut décrétée en 1834) rendit toute entente impossible entre eux et l'Angleterre.

Tous ceux d'entre eux qui étaient riches avaient un grand nombre d'esclaves; ces travailleurs, qui composaient presque entièrement leur fortune, étaient indispensables à leur prospérité de grands propriétaires cultivateurs. Le gouvernement de Sa Majesté avait bien décidé qu'une indemnité serait attribuée à chaque fermier par tête d'esclave libéré, mais ce prétendu dédommagement était dérisoire et ne représentait pas le quart de leur perte.

Un grand mouvement d'opposition se manifesta. A sa tête se mirent tous les riches que ruinait la décision du gouvernement. Celui-ci ayant refusé d'apporter aucune modification aux conditions de l'émancipation, ils résolurent d'abandonner leur patrie adoptive et d'aller en chercher une autre. Plus de dix mille mécontents, emmenant leur famille entière, leur bétail et leur matériel, passèrent la rivière Orange, qui formait la limite nord de la colonie du Cap, et ils fondèrent le « Vrij-Staat » ou « Etat libre d'Orange ». Ce fut le début du grand mouvement d'émigration d'où sortit également le Transvaal.

Un grand nombre de Boers cependant restèrent au Cap, et même aujourd'hui ils y sont plus nombreux que les Anglais.

La paix s'est d'autant plus facilement établie entre eux, que ceux qui n'avaient pas émigré en 1834 avaient peu d'esclaves : ils ont donc eu moins à souffrir de l'émancipation, et ils en ont conçu moins d'irritation que leurs compatriotes des États voisins.

Le gouvernement du Cap est autonome depuis 1872 : il est composé de cinq ministres et d'un parlement qui en est responsable vis-à-vis du Royaume-Uni. Le gouverneur occupe, comme la reine en Angleterre, des fonctions purement honorifiques et représentatives.

Tels sont, en ce qui concerne les Européens, les principaux événements qui eurent lieu dans la colonie depuis qu'elle existe.

Quant aux rapports avec les indigènes, sauf quelques campagnes contre leurs voisins, les Basoutos et les Cafres, les premiers colons ne semblent pas s'en être beaucoup préoccupés.

La population noire se composa, surtout dès le début, de Hottentots, de Basoutos, de Béchuanas et, pour une moindre part, des vrais aborigènes du Cap. L'invasion européenne les chassa tous peu à peu des centres de civilisation, et, si on en compte encore aujourd'hui une population d'environ soixante-quinze mille, on voit fort peu de noirs dans les villes civilisées, telles que le Cap, Port-Elisabeth, East-London, etc. Et pourtant, sans les indigènes, il eût été impossible aux premiers Boers de mettre en valeur les immenses étendues de terrain pour la culture desquelles tous leurs esclaves étaient insuffisants. Le gouvernement, dès 1859, eut besoin du concours de la population locale pour les premiers travaux qu'il entreprit : routes, quais, ports, et plus tard pour le chemin de fer du Cap aux mines de diamants de Kimberley et à Port-Elisabeth.

L'indigène du Cap s'est rapidement poli à ce contact prolongé avec les Européens. La civilisation est aujourd'hui fort avancée chez lui, et, presque partout dans la colonie, on parle anglais plutôt que hollandais.

Les villes se multiplient et prennent chaque jour plus d'importance; le pays se couvre de voies de communication, et, sauf au nord-ouest, dans la partie sud du Namaqua, dans le Great Bushmanland et le Kaarenveld, où il n'y a encore que des fermes, le reste du Cap peut être considéré comme civilisé.

D'après les dernières conventions internationales, la colonie du cap de Bonne-Espérance est bornée : au nord-ouest, par l'Ovampo, Damara ou Namaqualand, le Béchuanaland, l'Etat libre d'Orange; au nord-est, par le Basoutoland; à l'est, par le Griqualand.

Le British Béchuanaland, le West Griqualand, le Basoutoland, le Griqualand et le Pondoland ne sont que des protectorats auxquels l'Angleterre tient d'ailleurs énormément. Elle ne les annexe pas à sa colonie, parce que les rendements de ces divers territoires, encore peu civilisés, n'atteindraient pas le chiffre des dépenses résultant de l'administration civile. Elle préfère attendre. On a d'ailleurs tenté d'annexer le Basoutoland, après de sanglantes guerres en 1879; on a vite compris que c'était une sottise, et que mieux valait laisser ce pays progresser de lui-même, ce qui arriverait sûrement par le contact des voisins. On le laissa peu à peu tranquille, et il se développe aujourd'hui sous l'œil protecteur du gouvernement britannique, prêt à le happer quand il sera bon à quelque chose.

**

L'étendue du territoire du Cap proprement dit est d'environ 166,000 kilomètres carrés. Deux grandes chaînes de montagnes le traversent en diagonale du nord-ouest au sud-est. Elles forment les dernières ramifications des monts Dragon (Drakensberg), et, sous le nom de monts Nieuweveld, Kouga Hills, etc., elles se terminent par quelques massifs épais tels que la Table-Mountain au Cap et le Corkscomb, près de Port-Elisabeth. Les altitudes des diverses ramifications de cette chaîne ne dépassent pas 1,580 mètres (Colesburg). D'autres montagnes ou pics se rencontrent ayant une certaine élévation : Grahamstown (567), Bedford (850), Graddock (1,000), Middleburg (1,400), etc.

La capitale, Cape-Town, l'ancienne Kaapstad des Hollandais, est située par 35°5′ latitude sud et 18°27′ longitude est du méridien de Greenwich, au fond d'une petite baie ouverte au nord, ayant environ deux milles et demi de largeur et à peu près la même profondeur : c'est Table-Bay. Ce petit golfe est formé par un promontoire terminé par deux petits caps, Mouille et Green-Point.

Table-Bay est situé à trente milles au nord du vrai cap de Bonne-Espérance. Cette ville est née et s'est développée au pied d'une montagne allongée, dont les parois presque verticales portent un plateau aussi large au sommet qu'à la base. De cette forme vient son nom : Table-Mountain. Les habitants ajoutent que la nappe y est toujours mise, à cause des nuages qui en quittent rarement le sommet. Son altitude est de 1,185 mètres au-dessus du niveau de la mer.

Elle domine la baie à laquelle elle a donné son nom et se présente en diagonale du nord-ouest au sud-est.

A l'extrémité de Table-Mountain, isolé d'elle et exactement au sud de la baie, se dresse le pic du Diable, presque aussi élevé que la montagne voisine (1,100 mètres), et, au sud de la ville, un autre mont terminé par un pic double que l'on compare à un lion couché : c'est le Lion's Head et le Lion's Rump (710 mètres).

La température y est excessivement douce en toutes saisons, m'a-t-on dit. Lors de mon passage, en avril, c'est-à-dire déjà à la fin de l'automne, — c'était l'époque de la vendange, — j'ai constaté en moyenne 26° à midi, à l'ombre, les jours de soleil, 17° la nuit et 23° les jours de pluie. Les saisons sont ici, comme on sait, à peu près l'inverse de celles de l'hémisphère boréal. Le printemps comprend août, septembre et octobre; l'été, novembre, décembre et janvier; l'automne, février, mars et avril; l'hiver, mai, juin et juillet. En réalité, on peut décomposer les saisons en saison sèche, d'avril à août, et en saison des pluies, de septembre à mars.

Les jours les plus longs atteignent quatorze heures; les plus courts sont de dix.

Les environs de Cape-Town sont ravissants : derrière Table-

TRAVAUX DES ALLUVIONS.

Mountain, un vaste plateau s'étend vers le sud-ouest, couvert de villas et de fermes prospères. La vigne croît sur les collines. A Wynberg, à quelques heures de distance, l'élite de la société se donne rendez-vous.

Quelle que soit leur patrie, Asie, Amérique, Europe, Afrique tropicale ou septentrionale, les fruits du monde entier croissent ici merveilleusement. La flore locale, si riche en tous genres, est unique pour la variété et la beauté des orchidées. J'en ai pu admirer de très beaux spécimens au Jardin botanique de la ville.

La population de Cape-Town s'élève, d'après les dernières statistiques, à soixante-trois mille habitants. Celle de la colonie atteint aujourd'hui plus de deux millions six cent mille âmes.

Le commerce du Cap tend à augmenter de jour en jour, au fur et à mesure que des débouchés nouveaux se créent au nord. C'est par là et par le Natal que s'alimente aujourd'hui toute l'Afrique australe jusqu'au bassin du Zambèze. Les importations et exportations, qui n'étaient respectivement, il y a dix ans, que de 75 et 58 millions à peine, ont monté l'année dernière, les premières à 274,625,000 francs et les secondes à 219,432,000 francs. Cela tient en grande partie à l'ouverture du Béchuanaland, du Matabéléland et à l'exploitation du Mashonaland, qui ont attiré ces dernières années dans leurs régions une population exotique très nombreuse.

Une des principales industries est, comme on sait, l'élevage des autruches.

J'ai visité pendant mon voyage plusieurs de ces fermes, dont l'administration est très intéressante.

II

KIMBERLEY.

Quelques jours après notre arrivée au Cap, nous nous mettions en route pour Kimberley (1). Les frères Beddington s'étaient joints à moi dans ma marche vers le Nord.

Nous pouvions profiter du chemin de fer jusqu'à Kimberley. A cette époque, la ligne ne dépassait que de quelques kilomètres l'emplacement de la ville.

Ce railway, qui est à voie étroite, parcourt un pays fort accidenté. Les rampes sont beaucoup plus dures que nous n'avons l'habitude d'en voir en Europe, les courbes plus petites de rayon ; il en résulte que la vitesse ne dépasse pas quinze à seize kilomètres à l'heure, et que les trains s'arrêtent, pour ainsi dire, à chaque instant.

Les wagons sont tout petits, du système à couchettes. Chaque compartiment forme quatre lits superposés par deux, perpendiculairement à la voie.

---

(1) Les *diggers* avaient au début formé entre eux une république, dont ils avaient donné la présidence à un ancien marin, Stafford Parker, mais, dès la seconde année des fouilles (elles avaient commencé en 1868, à Pniel), le gouverneur du Cap, M. Campbell, vint, avec une troupe de policemen, planter au milieu des diggings le drapeau britannique, faisant ainsi main basse sur la propriété individuelle au nom de la couronne. L'annexion, protégée par la force armée, fut consommée. D'autres découvertes de diamants ayant été faites l'année suivante, le flot des aventuriers se porta de ce côté. On créa près la ferme de *Vooruitzicht* un nouveau campement, *New-Rush*, dont l'Angleterre ne tarda pas à s'emparer également. New-Rush changea alors de nom et prit celui de *Kimberley* (c'était le ministre des colonies, à Londres) ; l'autre établissement, d'abord appelé *Klipdrift*, prit la dénomination de *Barkley*.

Il n'y a pas encombrement de voyageurs, ce qui est fort agréable, au moins pour ceux qui prennent le train, car la Compagnie doit être certainement d'un avis contraire.

Le pays traversé a je ne sais quoi de nouveau, de différent; cela doit provenir, sans doute, de la nature de la végétation et de la constitution géologique du sol. Le paysage est, en général, assez accidenté au début, et il garde cet aspect pendant tout le parcours.

Vers neuf heures du matin, dix heures après notre départ, nous arrivons au pied de la grosse ramification des monts Drakensberg, qui s'appellent ici les monts Nieuweveld. Une petite station avec buffet (?), Mayes-Fontain, nous offre un déjeuner anglais : le porridge fume dans des assiettes grasses portant des marques de doigts; on se hâte, on se hâte tellement que l'un de mes compagnons grimpe en wagon en oubliant son pardessus : je le console en lui affirmant que ce vêtement sera de la plus grande utilité au bar-keeper, par les froides matinées d'hiver.

Un peu plus loin, nous entrons dans des gorges abruptes, extrêmement pittoresques. La construction du chemin de fer a dû coûter bien des peines et demander un dur labeur, à travers ces régions accidentées. De tous côtés, des collines pierreuses, couvertes de bouquets de fougères à demi desséchées. Peu de végétation. Au loin, semblant nous cerner, de grandes montagnes bleuâtres, plongées encore dans la brume du matin.

La température moyenne est de 15 à 18 degrés pendant les vingt-quatre heures.

A la sortie des gorges, quelques plaines jonchées de débris calcaires, d'éclats de quartz granitique, avec des troupeaux d'ânes, de bestiaux, de moutons ou de chèvres, gardés par des Malais. Çà et là, une maisonnette où, parfois, sèchent au soleil des débris d'antilope. Peu de faune sauvage.

Arrivée à onze heures à Grootfontein. Il est à remarquer que la plupart des noms du pays se ressemblent. Ici ce ne sont partout que des « fontein »; au Transvaal, des « berg » ou des « burg ». Les rivières ont toutes changé leurs noms indigènes pour des appellations de bêtes : rivière des Buffalos, des Elans, des Crocodiles, des Eléphants, etc.

Le train décrit, grâce à l'exiguïté de ses wagons et à son peu de rapidité, des courbes excessivement prononcées. La voie ferrée est un véritable zigzag accidenté de rampes et de descentes très fréquentes.

Tantôt d'une portière, tantôt de l'autre, nous voyons passer notre locomotive, accomplissant péniblement ses détours laborieux. Haletante, essoufflée, elle lance par hoquets entrecoupés ses flocons de vapeur blanche.

Le pays semble désert; pas un habitant, pas un village, pas un toit ne s'offre à la vue. Vers le milieu du deuxième jour, nous apercevons, sur une éminence, un petit groupe d'habitations

LA CHASSE AUX VOLEURS DE DIAMANTS.

malaises : quatre ou cinq cases carrées en paille et en bois couvertes

UN CAMPEMENT DES CHERCHEURS DE DIAMANTS.

de chaume, un chariot à bœuf sans attelage, au brancard couvert de loques, de la viande séchant au soleil; quelques ustensiles de ménage et deux ou trois habitants composent le tableau.

Haltes à Prince Albert Road et Friederburgroad : à quatre heures, arrivée à Beaufort-West : buffet. C'est la première ville ou plutôt le premier village que nous voyons depuis notre départ. Il est plein d'animation. Les environs sont cultivés, il y a quelques fermes aux alentours et un peu plus de gaieté.

Nous passons notre temps fort agréablement. Dans notre compartiment, nous sommes seuls. Nous mangeons toute la journée; c'est peut-être l'air du pays qui nous ouvre l'appétit. Entre Mayes-Fontain et Beaufort-West, c'est-à-dire en dix heures, nous avons consommé, à trois, quatre kilos de gruyère et une quinzaine de livres de raisin, le tout avec beaucoup de pain.

La nuit suivante, ou plutôt le matin, il m'arrive un accident qui eût pu être fort désagréable. A défaut d'oreiller, j'avais mis sous ma tête ma pharmacie de voyage. Or, nous dormions avec les fenêtres ouvertes, et mon traversin improvisé se trouvait de niveau avec l'ouverture de la vitre de côté. La couchette étant un peu courte pour moi, il est probable que j'ai poussé, en m'étendant, ma pharmacie vers la fenêtre, et, au moment où je m'éveillai, je la sentis qui glissait et tombait sur la voie.

Le train allait de son allure de tramway : je calculai en une seconde les chances que j'avais; j'ouvris la portière, je me laissai tomber sur le ballast, je courus ramasser ma pharmacie et, après une course assez vive, je rattrapai le wagon, tout cela sans que ni chef de train ni mécanicien ait seulement remarqué mon escapade !...

Le télégraphe suit la voie ferrée : il y a cinq fils montés sur des poteaux en fer.

La distance qui sépare Cape-Town de Kimberley est d'environ douze cents kilomètres. Peu après le village d'Orange, nous passons la rivière de ce nom sur un pont qui a trois ou quatre cents mètres de longueur. Les rives sont couvertes de verdure, de fleurs, d'oiseaux. Il y a dans les environs, nous dit-on, beaucoup d'antilopes et de gibier.

A Belmont, autre ville assez importante, nous apprenons qu'il y a un champ de courses. Où le sport va-t-il se nicher? Je croyais que l'on commençait par bâtir les villes et par se civiliser avant de créer des hippodromes; mais il paraît qu'ici c'est le contraire. Amusons-nous d'abord, dit-on, nous penserons ensuite à notre bien-être.

Le pays n'a plus cet air sauvage qu'il avait au début de notre parcours; mais il est encore loin d'être plat : ce sont des vallées et des collines, les unes et les autres peu accentuées. Les Anglais ont un terme qui définit bien ce genre de pays, en le comparant à la mer dans ses ondulations : ils l'appellent « a *Zolling* (1) country ».

Les pierres et les blocs granitiques deviennent de plus en plus rares : c'est, après Belmont, de la bonne terre noire à culture; mais le pays semble peu doté par la nature en ce qui concerne les cours d'eau.

De nombreuses fourmilières ou taupinières, ayant la forme de petits dômes, s'élèvent à perte de vue dans les plaines.

Beaucoup de chevaux en liberté paissent de tous côtés.

Nous apercevons à quelque distance la route qui conduit à Kimberley : au milieu d'un nuage de poussière, une petite carriole du pays, que nous perdons bientôt de vue, en suit les sinuosités.

Après Wimbledon et une autre petite rivière, la « Modder », nous arrivons à Beaconsfield, qui touche à Kimberley, et où sont les premières mines de diamants.

*_**

Nous voici enfin dans la ville après un voyage de trois jours. Kimberley est l'activité même : on n'y voit pas, comme au Cap, des monuments fantaisistes, des constructions coûteuses : au contraire, la plupart des maisons sont en terre rouge, couvertes de quelques feuilles de zinc; il est clair que la population considère ici le côté pratique des choses.

La ville, qui paraît déjà ancienne, n'est pas très grande, surtout si on ne tient compte que de Kimberley proprement dit : les rues sont pour la plupart sinueuses, les maisons avançant plus ou moins, au gré de leurs propriétaires; le pavé n'existe pas, et la chaussée est plutôt une route poussiéreuse qu'une rue. Les magasins ont peu d'étalage ou n'en ont pas, sauf quelques devantures de marchands de nouveautés avec leurs mannequins, et deux ou trois boutiques modernes. Les différents entrepôts ou lieux de commerce sont dans de simples maisons d'habitation; ces dernières ont rarement plus d'un étage; la plupart n'ont qu'un rez-de-chaussée. Les voitures sont rares, les distances étant courtes dans la ville; mais il y a de nombreux loueurs de chevaux et de véhicules de tous genres, pour les promenades d'affaires ou de plaisir dans les environs. La poste, autant que je puisse me souvenir, est le seul édifice nouveau, à l'exception de la maison appartenant au Club; elle est construite avec luxe et confort, entourée d'un joli jardin et d'une grille qui borde la rue principale. Un service de tramways mène de la ville à ses différents faubourgs, car le vieux Kimberley est toujours le centre des affaires, bien qu'ayant cessé d'être le théâtre de l'extraction du diamant.

Les gisements de diamants sur lesquels la ville est construite

---

(1) De l'allemand *zoll* (douane); de là *zollverrein* (association douanière).

furent mis en exploitation en 1871 par la Compagnie de Beers, puis abandonnés, soit parce que d'autres mines donnaient un rendement supérieur, soit aussi parce que l'on s'exposait à détruire la ville à force de creuser sous son emplacement.

En désertant ces chantiers, on y a laissé des trous qui sont de véritables précipices mesurant cent ou deux cents mètres de large sur autant de profondeur; de minces garde-fous en fil de fer garantissent seuls d'une chute les étrangers qui se promènent isolément la nuit dans la ville mal éclairée.

Autour du vieux Kimberley, séparés de la ville par ces précipices, se sont créés peu à peu, au fur et à mesure de l'accroissement de la population et du développement des affaires, une foule de faubourgs ou centres d'exploitation dont les principaux appartiennent presque en entier à des compagnies plus ou moins puissantes.

Parmi les premières, nous citerons de Beers, The Kimberley, The Bulfontain, The Consolidated, et, parmi les autres, Otto's Kopje, Sainte-Augustine Mine, Kampfer's Dam, Taylor's Kopje, Doyl's Kopje, Olifant's Kopje. Des milliers de noirs et de blancs sont à leur service.

Sans compter le personnel nombreux attaché aux compagnies minières, il y a à Kimberley une foule de « diggers », qui y forment une véritable population flottante.

Le *digger* est un type que l'on devait rencontrer dans l'ancienne Californie; il n'existe plus guère aujourd'hui que dans l'Afrique du Sud, où la liberté d'action, la demi-civilisation et les chances de gain sur un sol riche sont faits pour l'attirer.

Le digger, c'est le vieux pionnier : à l'écouter, il a toujours découvert de nombreux filons dont on l'a frustré, ou bien il n'a pas eu de chance : c'est son voisin qui les a trouvés. Il a généralement à vendre ou à négocier un terrain où il sait qu'il y a des diamants. Il essaye ainsi de soutirer de l'argent aux gogos qui veulent bien le croire sur parole.

Le digger est toujours vieux ou d'un certain âge; il est généralement d'un caractère tellement intraitable et si indépendant qu'il ne peut rester sous les ordres de personne; il préfère errer seul à l'aventure, sur son chariot, ou la pioche sur l'épaule, en quête de richesses dont il n'a jamais su profiter et ne profitera jamais. S'il gagne de l'argent, et il en gagne souvent énormément, il le dépense aussitôt d'une façon stupide, sans compter, cessant de travailler jusqu'à ce qu'il retombe de nouveau dans la misère. C'est pourquoi, au Transvaal et partout ailleurs où les diggers s'abattent, toutes choses atteignent des prix ridicules par leur exagération; la population minière vient dépenser ses économies au fur et à mesure qu'elle en réalise; l'argent n'a point de valeur pour elle : il est si vite gagné! J'ai vu des diggers vendre à une compagnie tel filon qu'ils avaient mis quelquefois à peine deux semaines à découvrir et qui leur rapportait 1,000 ou 2,000 livres sterling. Huit jours après, ils avaient mangé l'argent et parcouraient de nouveau le pays, fouillant le sol de leur œil scrutateur et exercé.

Au demeurant, les diggers sont sans patrie : ce sont des aventuriers; on ne sait ni d'où ils viennent, ni ce qu'ils ont fait dans leur vie. C'est, en général, l'écume de toutes les nations, le rebut de la société, des échappés du bagne ou des déserteurs, qui se

THE DEVIL'S MOUNTAIN (LA MONTAGNE DU DIABLE).

sont lancés volontiers dans cette vie aventureuse que l'on mène dans l'Afrique du Sud, ce paradis de l'indépendance : personne ne peut venir les troubler; ils jouent du couteau et du revolver quand le wiskey a coulé trop abondamment, et ils meurent un jour au coin d'un bois, seuls et misérables, sans que personne se soucie d'eux ou s'inquiète de leur disparition.

***

Au milieu de la ville de Kimberley existe une immense place où se tient, à certaines dates, un marché de toute espèce de choses

On y voit arriver des centaines de grands chariots attelés de douze, quinze, dix-huit et jusqu'à vingt bœufs. La plupart de ces véhicules sont à vendre, et il est rare qu'ils ne trouvent pas preneur le même jour. Il y a un tel va-et-vient de population entre Kimberley, le Transvaal et les contrées intérieures, que ces marchés sont toujours excessivement animés. On y vend tous les articles de ménage, vêtements, armes, outils, machines qui ont rapport à l'exploitation privée, c'est-à-dire au « prospecting ».

Le « prospecteur » est un individu qui a généralement une grande connaissance pratique des quartz aurifères ou des terrains susceptibles de contenir de l'or. Il va à travers le pays, examinant les divers terrains, tenant compte de tout ce qui peut le confirmer dans sa supposition que tel ou tel endroit renferme un filon. Comme, pour s'en assurer, il a besoin d'examiner les couches inférieures du sol, il creuse des trous ronds d'environ un mètre cinquante de diamètre, qui atteignent quelquefois six et sept mètres de profondeur; à l'aide d'une poulie et d'un seau, il remonte à la surface et examine minutieusement la terre et les déblais. L'examen, tant des matériaux extraits que des parois du puits, lui démontre-t-il qu'il s'est trompé, il va recommencer ailleurs.

Mais certains prospecteurs ont pour ainsi dire le flair : ils travaillent presque à coup sûr. Les diggers s'y entendent pour la plupart à merveille.

Les prospecteurs ne visent plus que l'or, les mines de diamants étant si rares qu'on ne tente même pas d'en découvrir. On connaît aujourd'hui à peu près tous les gisements diamantifères du Cap et des environs, et leur emplacement appartient à des compagnies ou à des particuliers depuis le lendemain même de leur découverte.

En dehors de Kimberley, qui embrasse une vaste mine ayant plus de cent kilomètres carrés, il n'y a pas d'autres gisements connus dans la colonie du Cap proprement dite.

L'État libre d'Orange est bien mieux doté sous ce rapport. Il a été trouvé des mines à Fauresmith, à Jacobsdal, près de la rivière Rict, à la même longitude que Kimberley, un peu plus au sud, enfin sur les bords de la rivière Vaal, des deux côtés; l'occupation de la rive droite assure ainsi des champs diamantifères au Transvaal, qui possède déjà des mines d'or en pleine prospérité.

Je n'ai visité que Kimberley. Je ne connais donc que les mines qui s'y trouvent.

Les précipices dont j'ai parlé marquaient les travaux d'exploitation de la Compagnie Old de Beers, en 1871. La nouvelle mine est à quelque distance de la ville. Elle est la plus intéressante de toutes, non seulement parce qu'elle a donné les plus beaux résultats, mais aussi parce que ses travaux ont atteint une plus grande profondeur que ceux de ses concurrentes.

Grâce à de bonnes lettres de recommandation de Londres,

j'obtins à Kimberley une autorisation personnelle pour visiter les mines de Beers dans tous leurs détails. Cette faveur est très difficile à obtenir, surtout pour des étrangers; et, même lorsqu'on l'a obtenue, on est encore soumis à une foule d'ennuyeuses formalités qui se renouvellent chaque matin, si la visite dure plusieurs jours.

Le directeur des mines de Beers à Kimberley voulut bien charger un des ingénieurs de me montrer tous les détails de l'exploitation du diamant, depuis le moment où on l'extrait de la terre jusqu'à celui où il est mis en vente.

* * *

Avant de visiter les mines, nous sommes allés voir l'habitation du personnel, profitant ainsi de la matinée du dimanche, jour où l'on ne travaille pas.

Dans une enceinte close de hauts murs, fermée par des corps de bâtiment et dont on ne peut sortir sans passer par des corps de garde, se trouvent réunis plus de trois mille noirs de toutes les races des environs : Delagoas, Griquas, Bechuanas, Zoulous, Cafres, Hottentots, etc. C'est le compound ou kraal des mineurs.

L'enceinte immense est de forme carrée; tout autour, des bâtiments n'ayant qu'un rez-de-chaussée encadrent une grande cour de près de cent mètres de côté.

On y remarque une chapelle, une école pour les enfants et des magasins vendant toutes les denrées à l'usage des noirs du kraal. Ils ne peuvent acheter que contre des fiches spéciales que délivre la Compagnie; aucune monnaie n'a cours.

Le compound comprend, en outre, un hôpital et une salle de spectacle, où les indigènes se donnent à eux-mêmes des représentations.

Ces hommes sont engagés par la Compagnie de Beers pour travailler dans ses mines pendant un an; ils signent des contrats en règle. C'est une détention de douze mois qu'ils acceptent, car ils ne peuvent plus quitter le compound sous aucun prétexte.

Leurs salaires sont de 15 à 30 shillings par semaine (18 fr. 75 à 37 fr. 50), selon leur travail et leur spécialité. Ils doivent se nourrir eux-mêmes. Ils se procurent au bureau de la Compagnie les fiches-monnaies dont ils ont besoin et achètent ce qui leur est nécessaire aux magasins dont j'ai parlé, qui sont de véritables bazars.

On sait le peu qu'il faut au noir pour se nourrir et le prix modique de sa nourriture. Il peut donc économiser les trois quarts de son salaire, épargne qui est considérable, si on compare le prix de la main-d'œuvre de toutes les autres exploitations à celui des mines.

Aussi les compagnies trouvent-elles autant de noirs qu'elles en veulent, malgré la dureté du métier, malgré la détention continuelle et les mesures de précaution auxquelles elles les soumettent.

La Compagnie possède également une petite milice formée de sujets éprouvés, qui fait la police, monte la garde, et procède, quand il y a lieu, aux exécutions.

La milice vient chercher les mineurs au compound et les conduit au travail. Elle veille nuit et jour aux abords de la mine. Le travail terminé, elle conduit les travailleurs désignés pour la visite de précaution et elle les ramène ensuite au kraal.

Cette visite de précaution a pour but de s'assurer si certains noirs, chargés d'un travail délicat, n'ont pas volé des diamants pendant la journée. On les conduit, entièrement nus, dans une pièce, où se renouvelle la scène que l'on voit dans certains conseils de revision, quand il y a un major minutieux.

Après cette visite (visite s'il en fut jamais) a lieu celle des condamnés. Ces derniers sont tous des noirs qui, ayant volé des diamants, accomplissent leur temps de travaux forcés dans la mine même. Au moindre mouvement suspect, les gardes, qui ont toujours l'arme chargée, ont ordre de tirer sur eux.

Malgré toutes ces précautions, des vols considérables ont continuellement lieu. Les compagnies s'y sont résignées après de vaines tentatives pour les empêcher; dans leur bilan de fin d'année, elles font la part des vols, estimés à au moins 10 pour 100 du rendement.

Après le compound, je continue ma visite le lendemain par une descente dans le puits. Vêtu d'un complet de mineur européen, j'entre dans un ascenseur qui s'engouffre avec une rapidité inquiétante dans les profondeurs de la terre en suivant un plan incliné; nous descendons, nous descendons toujours. La flamme de nos lampes devient de plus en plus terne au fur et à mesure que la composition de l'air se modifie; on sent aussi comme une oppression, un poids sur la poitrine; on voudrait déjà être dehors pour respirer le grand air à pleins poumons.

Cette sensation désagréable ne dure fort heureusement que quelques instants. Arrivé dans les galeries, on s'habitue un peu à cette atmosphère humide et lourde. A la profondeur de trente-cinq à quarante mètres, nous faisons un tour dans les couloirs, remplis d'agitation, où circulent les wagonnets, où les pics travaillent à briser le dur minerai, au fond d'une foule de détours en cul-de-sac.

Soudain, un éclair livide jaillit de l'ombre, une explosion formidable se fait entendre, produisant une commotion qui vous arrête le cœur et la respiration, en même temps qu'elle vous secoue ou vous fait trébucher. Ces coups de mine souterrains, dans un étroit espace, produisent une sensation nerveuse des plus

PAYSAGE DE KIMBERLEY.

désagréables; un coup de canon n'est rien auprès de ce bruit, que j'ai entendu à plusieurs reprises; non seulement le tympan semble vouloir éclater, mais le pouls cesse de battre et le souffle est brusquement refoulé dans la poitrine par l'expansion des gaz. Toutes les lampes sont généralement éteintes dans un rayon de plus de cinquante mètres; on est plongé dans l'obscurité la plus profonde; l'idée que vous venez d'échapper à une catastrophe vous traverse l'esprit. Mais la voix de votre guide vous rassure : ce n'est rien, un peu de dynamite pour détacher un bloc rebelle.

Toutes les lampes se rallument, le bruit des pics reprend de nouveau dans la pénombre avec quelques fragments de conversation entre mineurs, entrecoupés de coups de pioche, du bruit des chariots qui roulent, du grincement des ascenseurs, des éclats de voix des ingénieurs et des contremaîtres.

Après une promenade sur ce qui peut être considéré comme le premier étage, à rebours, nous reprenons place dans la cage et nous descendons au second (toujours à rebours). Nous voici à environ soixante ou soixante-dix mètres de la surface. Même sensation, mêmes coups de dynamite, lampes encore plus vacillantes et humidité plus considérable.

Nous continuons notre descente et nous nous arrêtons enfin à cent dix-huit mètres. Les travaux ne dépassent pas cette profondeur. L'ascenseur ne vient pas jusqu'ici : on achève le trajet à l'aide d'échelles.

Bien que le spectacle soit on ne peut plus intéressant, je commence à désirer vivement me trouver dehors; il me semble que ce sera un immense soulagement pour moi que de respirer le grand air. On se sent moralement écrasé, enterré vivant dans ces couloirs : ce n'est là évidemment qu'une impression causée par une première descente sous terre. Il n'y a à craindre, dans ces mines, aucun des dangers que l'on rencontre dans les exploitations de houille : en général, les galeries se soutiennent d'elles-mêmes, étant taillées dans une matière que le pic a de la peine à entamer, et les lampes n'ont pas de protection. A certains intervalles, pourtant, on a constaté dans la mine de Beers la présence du grisou : les hommes du métier l'attribuent, soit à de minces couches de charbon que l'on rencontre dans la coupe du terrain, soit à de la pyrite, qui se trouve en certaine quantité dans la formation des couches profondes et qui prend feu au contact de l'air. Il est aussi certaines galeries où la prudence a exigé que l'on étayât les parois. Des éboulements se sont produits à plusieurs reprises, tuant des centaines de travailleurs.

Nous reprenons notre échelle et nous nous rapprochons de la surface. En revenant sur nos pas, nous prenons des échantillons des diverses couches géologiques que je désire garder.

*

Avec une amabilité et une patience rares, l'ingénieur m'a fait un véritable cours technique pendant près de trois heures que nous avons passées dans les galeries, et j'essayerai de faire profiter le lecteur de ce qu'il m'a expliqué avec beaucoup de clarté sur la composition géologique des mines de diamants. Vu mon incompétence, je ne me permettrai pas la moindre supposition sur la formation primitive, d'autant plus que c'est presque une énigme, même pour des ingénieurs qui ont passé de longues années à l'étudier. On admet seulement que l'origine des gisements diamantifères est due à une éruption volcanique, à une poussée de bas en haut.

A la surface, est un terreau rouge et argileux que j'ai rencontré souvent en Afrique; il produit une poussière fine et pénétrante qui donne à tout une teinte rougeâtre. C'est le sol superficiel de Kimberley.

Cette couche de *redsoil*, comme on l'appelle ici, a environ un mètre d'épaisseur. Au-dessous se trouvent environ quatre-vingts mètres de schiste de diverses couleurs, peu résistant au pic, qui prend le nom de « black-shale ». A la surface, ces schistes sont de couleur claire jaunâtre ou gris, entremêlés de dolérite et de diorite, puis noirs au-dessous. Ils sont mélangés ou entrecoupés par des couches d'une foule d'autres matières, telles que argile noire, carbonates de fer et de chaux, pyrite, etc.

Enfin, au-dessous encore, à une profondeur de soixante-dix à cent trente mètres, suppose-t-on, se trouve le « hardrock », qui est une couche de mélaphyre ou roche pyroxanique qu'on n'a pas encore traversée entièrement.

La couche intermédiaire de quatre-vingts mètres dont je viens de parler forme le véritable terrain diamantifère et porte le nom de « blue-ground », à cause de sa couleur bleu foncé, verdâtre ou vert clair.

Il paraît même que le terrain diamantifère offre plusieurs autres variétés. Son aspect, sa composition, sa couleur et sa consistance diffèrent selon les endroits. Néanmoins, il est à remarquer qu'il se distingue essentiellement des terrains environnants, et qu'il offre à un œil exercé certains caractères qui ne laissent aucun doute sur les richesses qu'il contient.

Ce blue-ground se décompose avec le temps au contact de l'air et prend une teinte jaunâtre ou gris clair. Comme on le verra plus loin, c'est sur ce phénomène qu'est basé le système d'exploitation de la mine. Il s'ensuit que les couches supérieures, les schistes de couleur claire de la surface, ne sont en somme que du blue décomposé : c'est ce qu'on appelle le « yellow-ground ».

Les machines d'extraction, auxquelles nous rendons visite ensuite, nous offrent le spectacle d'une énorme quantité de minerai sortant des entrailles de la terre. De puissants treuils mettent en mouvement un va-et-vient de récipients cylindriques à poulies glissant sur quatre câbles ronds en fils d'acier, parallèles au plan incliné dont j'ai déjà parlé. Grâce à un ingénieux mécanisme, le tub arrive, bascule, décharge son contenu (environ trente pieds cubes de minerai) et repart sans l'aide de personne. Au-dessus des immenses fosses dont j'ai parlé, des centaines de câbles, tendus comme un gigantesque filet, sont couverts de tubs qui montent et descendent, donnant au coup d'œil une animation extraordinaire, un air de fourmilière indescriptible.

Il est assez original de se faire transporter par un de ces véhicules aériens. On y éprouve une sensation analogue à celle que donne une ascension en ballon. En bas, au fond, semblables à de petits êtres microscopiques s'agitant dans tous les sens, on voit les travailleurs préposés au service de l'énorme entonnoir.

Lorsque le minerai arrive de la mine, il est chargé sur des wagonnets de chemin de fer. La voie ferrée conduit aux terrains de dépôt qu'on appelle « floors ».

Sur ces floors, le chemin de fer apporte les matières, et les hommes les éparpillent en une couche d'épaisseur régulière, les gros morceaux debout. On expose ainsi le blue-ground à l'air et aux intempéries afin qu'il se décompose. Il perd graduellement sa couleur, pâlit et prend une teinte jaunâtre ou gris clair. Lorsqu'il est désagrégé, il se brise plus facilement et peut être utilisé.

La décomposition peut durer de dix jours à six mois, selon la quantité d'eau que l'on jette dessus à défaut de pluie.

Le « yellow-ground » n'a pas besoin de cette préparation, puisqu'il est déjà tout décomposé naturellement. Il y a fort longtemps que les compagnies ont épuisé la couche qu'elles ont trouvée à la surface des schistes noirs.

Les « floors » demandent à être fort étendus. Quand on pense que les machines d'extraction amènent journellement à la surface une moyenne de cinq cents loads par jour, ce qui fait environ trois cent douze tonnes (à six cent vingt-cinq kilos le load), et que certaines compagnies travaillent jour et nuit, on a une idée des terrains qui sont nécessaires pour étaler une aussi énorme quantité de minerai. Aussi a-t-on été obligé d'étendre ces « floors » jusqu'à de grandes distances de la ville. Le chemin de fer particulier de la Compagnie y emporte le blue-ground et rapporte celui qui, déposé là quelque temps auparavant, se trouve décomposé et prêt à subir la troisième opération, qui est le lavage.

Les machines à laver (depuis 1878 tout se fait à la vapeur) sont destinées à séparer les graviers, pierres, minéraux, etc., de la matière qui les tenait agglomérés, ainsi que des calcaires plus légers. Ce mortier est dissous par des agitateurs : des courants d'eau le délayent et l'emportent, tandis que la partie solide et non soluble reste dans l'appareil.

Pour définir d'un mot les laveuses, on peut dire qu'elles se composent d'une succession de tamis aux mailles progressivement serrées, qui laissent passer le minerai pendant que des agitateurs

LION'S HEAD (LA TÊTE DE LION.)

et de grands jets d'eau le débourbent et nettoient ses résidus, qu'ils classent par taille.

La première grille ou tamis arrête les gros blocs non décomposés; la dernière retient les plus petits fragments solides. Le courant entraîne les matières légères, tandis que les pierres précieuses, diamants, rubis, grenats, et les silicates restent au fond à cause de leur poids spécifique.

Ces résidus, très jolis à l'œil, offrent des pierres d'à peu près toutes les couleurs, exactement triées d'après leur taille.

Au sortir des laveuses, ils sont passés dans un berceau ou *craddle* (c'est l'appareil des anciens laveurs d'or) qui achève leur nettoyage et classe de nouveau les pierres par poids. On trouve déjà pendant cette opération bon nombre de beaux diamants. Des Européens surveillent continuellement le travail du « craddle ».

Après ce dernier nettoyage mécanique, les résidus, placés dans des wagonnets doublés en zinc et fermés à clef, sont portés aux ateliers de triage.

Là, dans une grande pièce bien éclairée de face, sont des tables couvertes de tôle sur lesquelles on place les graviers en tas.

Un ouvrier blanc pour les gros, des noirs pour les petits, procèdent à l'opération si minutieuse du triage. Muni d'une lame de fer, le trieur amène une petite quantité de pierres prises au tas; il les écarte d'un coup sec, regarde, pose sa lame et prend par-ci par-là un diamant qu'il jette dans une tirelire en fer-blanc fermée à clef, placée devant lui; il jette un nouveau coup d'œil et pousse le tout à gauche.

Lorsqu'il a examiné tout le tas, un autre ouvrier prend sa place et recommence le même travail de gauche à droite. Les détritus qui restent après ces deux examens sont jetés dehors, formant de véritables collines, où l'on remarque des grenats en abondance; mais ils n'ont, paraît-il, aucune valeur.

A la fin de la journée, le chef du service de triage recueille le contenu des tirelires dont il a la clef.

La proportion du diamant trouvé dans les « Diamonds Fields » du Cap varie de un à huit carats par mètre cube de blue-ground.

Les diamants du Cap ne peuvent lutter, comme éclat, avec ceux du Brésil ou de l'Inde (1). On y trouve fort rarement un diamant vraiment blanc; il s'y mêle toujours, si beau qu'il soit, un reflet de couleur quelconque, le plus souvent jaune, et il paraît que, seul, le diamant blanc peut produire de beaux feux. En dehors des feux blancs, il y en a qui ont une couleur décidée : tels sont le brun foncé, noir, jaune paille, orange, vert, rose, bleu ou fumé (*smoked*). A sa sortie des laveuses, il est terne, d'une apparence cornée; cela tient à une mince couche d'une matière spéciale qui l'enveloppe : on l'en débarrasse en le plongeant dans l'acide azotique en ébullition. Sa forme est excessivement variée, mais toujours régulière en elle-même : elle est hémiédrique, dodécaédrique, octaédrique; les arêtes en sont dures ou arrondies, les faces plates, concaves ou convexes. On en voit rarement de cubiques et peu de sphériques.

Quant à la grosseur, elle est très variable : on trouve des pierres depuis un trentième de carat, c'est-à-dire de la taille d'une petite tête d'épingle, jusqu'à quatre cent cinquante-sept, quatre cent

---

(1) Voir Adolphe d'Assier, *Le Brésil contemporain* (Paris, in-8°, 1877); Durand et Gorceix, *Les diamants et les pierres précieuses du Brésil*. (*Revue scientifique*, 1882.)

soixante et quatre cent soixante-dix-huit carats. Ces derniers, qui sont les plus gros qu'on ait trouvés, atteignent le volume d'un œuf de dinde (1).

Pour mieux se faire une idée de ce que représentent 173 millions de francs, réduisons les carats en kilogrammes : nous obtenons le chiffre de mille trois cent cinquante-huit kilos cinq cents grammes, presque une tonne et demie de diamants!

M. D... m'en a montré chez lui des tas énormes. Quand on voit tant de richesses à la fois, elles ne produisent pas d'effet. On dirait des morceaux de verre. D'ailleurs, la taille les change totalement. Nous en avons vu de taillés, dans des écrins magnifiques, de toutes les formes et de toutes les grandeurs, depuis le grain de millet jusqu'à l'œuf de pigeon.

Aucun étranger ne peut acheter un diamant, quel qu'il soit, sans un permis délivré par le gouvernement et portant le nom du vendeur avec la description détaillée de la pierre.

C'est la poste qui transporte dans le monde entier la plus grande partie des richesses des « Diamonds Fields » (2).

J'ai parlé de l'agitation de Kimberley : c'est une véritable fourmilière; tout le monde a la fièvre du diamant. On ne trouve par les rues que gens occupés par ce commerce : courtiers, employés de compagnies, négociants, diggers et... chevaliers d'industrie.

Ces derniers, dont il faut se garder soigneusement, se présentent habituellement sous l'aspect du monsieur qui possède une

---

(1) Il y a des diamants de toutes les formes, de toutes les eaux, de toutes les dimensions, les uns bruts, les autres taillés, et leur beauté égale leur variété. Les uns présentent une cristallisation si régulière que la taille ne leur enlèvera que quelques molécules; d'autres offrent une masse informe, à l'état brut, et à moins qu'ils ne soient de la plus belle eau, leur sort est d'être fendus et divisés en plusieurs morceaux. Il y en a de petits comme une tête d'épingle, de gros comme une noix. Et leurs teintes varient autant que leurs formes et leur dimension, depuis le blanc le plus limpide jusqu'au noir le plus opaque en passant par toute la gamme des nuances de l'arc-en-ciel; j'en ai vu de bleus, de verts, de rouges, de pourpres; j'en ai vu aussi de jaunes qui ressemblent à s'y méprendre à des morceaux de gomme arabique; les bruns et les jaunes sont peu estimés; bien plus rares sont ceux d'une teinte orange; les noirs sont appréciés sinon pour leur beauté, du moins à cause de leur extrême dureté qui les fait préférer dans l'industrie aux pierres de la plus belle eau. Chaque nuance a sa clientèle spéciale dans les diverses parties du monde : le diamant blanc est recherché par les Américains, le jaune est préféré par les Asiatiques. (J. Leclerq.)

(2) La Société de Beers s'est, en outre, entendue avec un syndicat de cinq gros marchands de diamants qui, très au fait des besoins de la consommation avec laquelle ils sont en rapport plus direct, lui achètent six mois ou un an d'avance, à un prix déterminé, toute sa production, limitée d'un commun accord à un total calculé de façon à ne pas surcharger le marché. (Pour limiter cette production, on a fermé toutes les mines, sauf deux, celles de Kimberley et de Beers.) Il en résulte, d'une part, que tous les diamants vendus dans le monde commencent par passer entre les mains de ce syndicat, qui est, dans la mesure compatible avec la loi économique de l'offre et de la demande, libre d'en fixer le cours à son gré, et que, d'autre part, les mines de diamants, bien que travaillant sur une matière d'une valeur essentiellement capricieuse et sujette à la mode, ont, par l'écoulement de leur production pendant un temps relativement considérable, une sécurité assez rare en industrie minière. (L. de Launay sur les *Diamants du Cap*. (*Revue générale des sciences*, 15 juillet 1897.)

mine appelée à donner les plus beaux résultats et qui cherche un bailleur de fonds pour les premiers frais de l'exploitation : à l'appui de son dire, il sort de sa poche des plans, des lettres à signature illisible, des échantillons alléchants provenant de la fameuse mine en détresse. Il commence par emprunter de l'argent, si on veut bien lui en prêter, et reparaît rarement.

Il y a ensuite l'industriel qui cherche à vendre un « claim », c'est-à-dire une concession contenant des diamants à foison ; étant dans la misère, il se contentera de peu. On va visiter le terrain et on trouve du minerai diamantifère qu'il a eu le soin d'y placer. Il sait, ajoute-t-il, qu'il a la fortune sous la main, mais il n'a pas de capitaux, etc. Qu'il vende seulement 200 livres sterling son claim, dont il connaît bien la non-valeur, et le voici fort content, comme on pense, du petit tour qu'il a joué.

Si grossiers que soient ces pièges, employés depuis longtemps et auxquels personne ne devrait plus se laisser prendre, il y a toujours des gens qui s'y font attraper. J'en sais quelque chose, car, quelques jours avant notre départ de Kimberley, la fièvre du diamant nous saisit, nous aussi : c'était contagieux.

EDOUARD FOA.

[LE CAP. — AVENUE DES CHÊNES (OAK AVENUE)].

www.ingramcontent.com/pod-product-compliance
Lightning Source LLC
Chambersburg PA
CBHW060603050426
42451CB00011B/2055